임시 정부의 외교 특파원 서영해

초판 1쇄 발행 2024년 3월 10일

글 박혜선　　**그림** 최경식　　**감수** 황선익
펴낸이 정혜숙　　**펴낸곳** 마음이음

책임편집 이금정　　**디자인** 김세라
등록 2016년 4월 5일(제2016-000005호)
주소 03925 서울시 마포구 월드컵북로 402, 9층 917A호(상암동 KGIT센터)
전화 070-7570-8869　　**전자우편** ieum2016@hanmail.net
블로그 https://blog.naver.com/ieum2018

ISBN　979-11-92183-39-8　73990
　　　979-11-960132-3-3 (세트)

ⓒ 박혜선, 최경식 2024

* 이 책의 내용은 저작권법의 보호를 받는 저작물이므로 무단전재와 복제를 금합니다.

어린이제품안전특별법에 의한 제품표시
제조자명 마음이음　　**제조국명** 대한민국　　**사용연령** 9세 이상 어린이 제품
KC마크는 이 제품이 공통안전기준에 적합하였음을 의미합니다.

임시 정부의
외교 특파원
서영해

박혜선 글 | 최경식 그림 | 황선익 감수

마음이음

차례

프롤로그 • 8

아버지, 저는 상해로 가겠습니다 • 10

임시 정부의 막둥이 • 23

새로운 시작 • 35

어려운 숙제 • 45

신문 더미에서 찾은 꿈 • 57

말브랑슈 7번지 옥탑방 • 68

유럽의 자유 양심에 고함 • 78

당신의 국적은 어디입니까? • 90

에필로그 • 98

더 알아봐요 • 100   작가의 말 • 110

프롤로그

1982년 프랑스 파리, 유학 중인 한인 학생이 바스티유 감옥이 있던 길을 걷다가 우연히 오래된 고서점에 들어선다.

그는 연구 중인 논문의 참고 서적이 있을까 싶어 이런저런 책을 찾다가 한 권의 책을 보게 된다. 한글로 표기된 '서영해'라는 이름과 함께 『어느 한국인의 삶』이라는 프랑스어 제목이 있는 책이었다.

이 책의 발견으로 우리에게 잊힌 독립운동가이자 임시 정부의 외교 특파원, 신문 기자이며 소설가였던 서영해의 삶이 드디어 세상 밖으로 나오게 되었다.

아버지, 저는 상해로 가겠습니다

"네가 희수구나."

"희수라면 서약방집 넷째 아들?"

"그렇지, 네 살 때 천자문을 뗐다는 그 영특한 아이."

오늘도 약방집 앞에서 동네 어른들이 모여 앉아 이야기를 나누고 있었어.

"중국 말도 잘하고 못하는 기 없다카든데."

"그렇고말고. 서당에 학교에 공립 학교까정 어디서든 똑 부러졌다는구만."

어른들은 희수를 볼 때마다 그렇게 칭찬을 했어.

하지만 희수는 지금 마음이 급했어.

"예, 어르신들 안녕하십니까? 저는 어디 좀 다녀오겠습니다."

희수는 신발도 제대로 신지 않은 채 급히 달려갔어.

"저녁때가 다 되어 가는데 어딜 그래 댕기노? 아버지 걱정하신다. 세상도 어지럽구마."

어르신 한 분이 멀어지는 희수를 보며 소리쳤어.

희수는 동네 형, 누나들이 만든 비밀 모임에 푹 빠져 있었어. 그곳에서 세상 돌아가는 이야기를 듣고, 태극기와 전단지 만드는 일도 도왔지.

"희수야, 니는 이 전단지 백 장씩 나눠 놔라."

"알겠어, 누나."

처음에 희수는 누나를 따라 밤참 먹으러 가는 게 신났어. 일이 끝나면 각자 들고 온 간식을 함께 나눠 먹었거든.

"내일까지 하면 태극기와 전단지 모두 넉넉하겠지?"

"봐라. 부산 사람들 다 들고 흔들어도 될 만큼 만들었다."

한쪽 구석에 태극기가 잔뜩 쌓여 있었어. 형, 누나들은 곧 큰일이 일어난다며 서로서로를 걱정하면서도 자기들이 만든 태극기를 보며 뿌듯한 표정을 지었어.

"희수야, 넌 내일부터 오지 마라. 이제 밤참도 없다."

희수는 그 말에 화가 났어.

"싫다. 나도 만세 운동에 나갈 거다."

형들은 놀란 눈으로 희수의 입을 막았지.

"너, 어디 가서 그런 말 하고 다니면 큰일 난다. 우리가 언제 만세 운동을 한다고 그런 말을 하노."

"처음엔 누나 따라 밤참 먹는 재미로 왔지만 이제는 아니다. 태극기를 만들고 전단지를 읽으면 가슴이 막 떨린다. 주먹에 불끈 힘이 들어가고 마음이 단단해지는 것 같다."

희수의 말에 모두들 고개를 숙였어.

작은 키에 앳된 얼굴을 한, 마냥 어리게만 보이던 소년의 입에서 나온 그 말이 이곳에 있는 그들의 마음이었거든.

드디어 1919년 3월 1일, 만세 함성이 온 나라를 뒤흔들었어.

"희수야, 넌 제발 집에 있어. 아버지 아시면 누나들만 혼난다."

누나들은 희수에게 신신당부했어. 하지만 골목골목 퍼지는 만세 소리에 가만 있을 순 없었지.

"3월 18일과 19일에는 동래시장에서 만세 운동이 열린다. 장터에 나온 사람들에게 태극기를 나눠 주고 전단지도 잘 뿌려야 해. 특히 몸조심하고."

"네, 알겠습니다."

언제 왔는지 비밀 모임에 먼저 와 있던 희수가 태극기와 전단지를 옷 속에 숨기고 가방에 넣으며 대답했지.

안 하던 존댓말까지 하면서 말이야.

희수는 동래시장에서 태극기를 나눠 주며 제일 앞에 서서 만세 행진을 했어. 작은 키에도 목소리는 어찌나 우렁찬지 사람들도 희수 목소리에 힘을 보탰지.

"대한 독립 만세! 대한 독립 만세!"

희수는 장날이 다른 시장으로 옮겨 다니며 만세 운동에 참가했어. 사람들이 많이 고이는 장소에는 어김없이 만세 소리로 장터가 들썩거렸어. 농부, 장사꾼, 학생, 나이 든 노인들까지 누구나 손에 손에 태극기를 들고 거리로 나왔어.

"자, 태극기 없는 분들 여기 있습니다."

"전단지도 꼭 읽어 보세요."

희수는 사람들에게 태극기를 나눠 주고 전단지도 열심히 뿌렸어.

"저기 있다. 저놈 잡아라!"

일본 경찰은 만세에 참여한 사람들을 마구 잡아들

였어. 희수가 아는 형, 누나들도 잡혀 갔어. 희수는 일본 경찰의 눈을 피해 골목길로 요리조리 빠져나갔어. 하지만 아는 사람들이 하나둘씩 잡혀가고 남은 사람들은 부산을 떠나 뿔뿔이 흩어졌어.

"아버지, 드릴 말씀이 있습니다."
몇 날 며칠을 쫓겨 다니던 희수는 늦은 밤 아버지의 방문을 두드렸어.
"저는 부산을 떠나겠습니다."

"내 뭐라 카드노. 제발 조용히 몸을 사리며 공부나 하라 캤지. 그럼 나중에 아버지가 알아서 유학도 보내 주고 한다고."

아버지는 어린 아들이 밤마다 무슨 일을 하러 다니는지 어렴풋이 알고 있었지만 말리지 않았어. 자기라도 그렇게 했을 것이기 때문이었지. 하지만 일본 경찰에 쫓겨 숨어 다니는 아들을 보자 마음속에선 화가 났어. 어쩌면 화가 난 게 아니라 이런 어지러운 세상에 태어난 아들이 안쓰러운 마음이었을 거야.

"그래, 어디로 간단 말이고?"

"상해로 가겠습니다."

"뭐라꼬? 상해?"

아버지도 상해가 어떤 곳인지는 알고 있었지. 그곳에 간다는 건 곧 빼앗긴 나라를 위해 더 열심히 독립운동을 하겠다는 뜻이었거든.

"저는 쫓겨 다니며 비겁하게 살고 싶지 않습니다."

쿵! 아버지는 가슴에 큰 바위가 내려앉는 기분이었어. 열 명의 아들딸 중에서도 어릴 때부터 영특하고 자기 할 말 똑 부러지게 하는 넷째 아들 희수의 고집은 아무도 꺾을 수 없다는 걸 알고 있었지.

"니는 아직 어리다. 따뜻한 집 두고 부모 형제를 떠나는 것이 두렵지도 않나? 그 낯선 곳에서 어떻게 지낸단 말이고."

"부모님을 떠나는 것은 저도 무섭고 두렵습니다. 하지만 저는 제가 뭘 하고 싶은지 알고 싶습니다. 제가 좋아하는 일을 찾아 떠나겠습니다."

그 일이 무엇인지는 잘 모르겠지만 빼앗긴 나라를 되찾기 위해 상해로 모여든 수많은 독립운동가들의 뒤를 따라가다 보면 자기에게도 중요한 일이 주어질 것 같았지. 아버지는 길게 한숨을 쉬며 희수의 손을 잡았어.

"다른 건 몰라도 반드시 약속해라. 절더 니 목숨을

가벼이 여기지 마라."

아버지는 상해에 있는 장건상에게 미리 연락해 놓았어. 장건상은 아버지와 형 동생 하던 사이로 상해에서 독립운동을 하고 있었거든.

희수가 상해로 떠난다는 소식을 듣고 희수의 이모부가 찾아왔어.

"희수야, 펼쳐 봐라."

희수는 이모부가 내민 종이를 펼쳐 들었어.

"서徐 영嶺 해海."

희수는 종이에 쓰여 있는 이름을 읊조리듯 읽었어.

"이제부터 니는 서희수가 아니라 서영해다. 큰 산과 넓은 바다 같은 꿈을 품고, 그 꿈으로 세상과 백성을 이롭게 하는 사람이 되라는 뜻이다."

이모부는 상해로 가는 동안 서희수의 이름으로 가면 위험할 것을 알고 있었지. 그래서 새로운 이름을 지어 준 거야. 희수도 이 이름이 마음에 들었어.

'서영해. 나는 이제 서영해로 살겠다. 이름대로 높고 넓은 산과 바다 같은 사람이 될 것이다.'

희수, 아니 영해는 다짐하듯 그 이름을 되뇌었어.

아버지는 떠나는 영해에게 말없이 등을 토닥이며 옷깃을 세워 주었어. 어디 가서라도 아버지가 있다는 사실을 잊지 말라는 듯 든든하게 서서 한참 동안 손을 흔들었지. 영해는 눈물이 나는 걸 꾹 참으며 웃어 보였어. 이런 이별을 참지 못하면 앞으로 그 어떤 일도 해낼 수 없다고 스스로에게 말했지.

"아버지, 다녀오겠습니다. 그때까지 건강하세요."

영해는 홀로 집을 떠나 압록강을 건너고 만주를 지나 상해로 가는 기차에 몸을 실었어.

그의 나이 만 열일곱 살이었지.

임시 정부의 막둥이

집을 떠난 영해는 장건상의 도움으로 상해 생활을 시작했어.

영해는 장건상을 따라 임시 정부를 찾았어. 그리고 대뜸 이렇게 말했지.

"저도 임시 정부에서 일하고 싶습니다."

삼일 운동이 끝나고 세워진 상해 임시 정부는 아직 어수선하고 정신없이 바빴어.

임시 정부의 어른들은 하던 일을 멈추고 영해를 보

앉어. 몸집도 작고 아직 앳된 얼굴의 소년이 대뜸 찾아와 일을 하겠다고 하니 걱정스러우면서도 웃음이 나왔어.

"눈빛을 보니 네 의지는 대단해 보이는구나. 하지만 부모님께서 걱정하시니 얼른 집으로 돌아가렴."

영해는 다음 날도 그다음 날도 임시 정부를 찾아왔어.

"제가 집을 떠나 이곳까지 온 이유는 빼앗긴 나라에 조금이라도 도움이 되고 싶어서입니다. 그러니 저에게 일할 기회를 주세요."

함께 온 장건상이 고개를 끄덕였어. 아무도 영해의 고집을 꺾을 수 없다는 뜻이었지. 그날부터 영해는 임시 정부의 막둥이가 되었어.

"막둥아, 이 서류 좀 옮겨 놓으렴."

"막둥아, 여기 좀 치워 줘."

"막둥아, 신문을 날짜별로 정리해라."

"네, 중요한 기사는 따로 오려서 모아 두었어요."

시키는 일은 물론, 영해의 뛰어난 중국어 실력은 임시 정부의 어른들을 놀라게 했지.

"중국 사람들보다 발음이 더 좋으니 참 대단해."

"그러게. 바깥 심부름을 시켜도 실수 없이 척척이고. 아주 기특해."

영해는 임시 정부의 막둥이로 귀여움을 독차지했어.

그러던 어느 날, 장건상이 영해를 불렀어.

"넌 앞으로 어떤 일을 하며 지낼 생각이냐?"

"지금처럼 여기서 선생님들을 도우며……."

영해는 장건상의 갑작스런 물음에 머뭇거렸어.

"공부를 더 해 보는 건 어떻겠니? 넌 아직 어리니 다른 나라에 가서 배우고 익혀 그것으로 빼앗긴 나라를 되찾는 데 힘을 보태는 것도 좋을 듯싶구나."

"유학을 떠나라는 말씀이십니까?"

"그렇지. 나라를 위하는 방법은 여럿이다. 누구는 힘을 길러 빼앗은 자들과 맞서고, 또 누군가는 글과 말로 빼앗은 자들의 횡포를 세계에 알리는 것이다. 네가 유학을 떠난다면 글이나 말로 하는 외교를 통해 빼앗긴 나라를 되살리는 길이 있지 않겠느냐?"

장건상 또한 미국 선교사의 추천으로 미국에서 공부를 하고 돌아온 유학파 독립운동가였지.

"빼앗긴 나라를 되찾기 위해 더 배우고 익혀 그 힘으로 세상을 움직여야 한다."

좋은 직장을 구하고 돈을 벌기 위한 공부가 아니라 빼앗긴 나라를 되찾기 위한 일이 배움이라는 말에 영해는 가슴이 뛰었어.

"네, 유학을 떠나 꿈을 펼쳐 보고 싶어요."

영해는 이모부가 지어 준 자신의 이름을 떠올렸어. 높은 산과 넓은 바다라는 뜻처럼 넓은 세상으로 나아가고 싶었지. 그리고 공부는 영해가 가장 자신 있는 부분이기도 했고 아버지 또한 기뻐할 일이었어.

"미국이 어떨까?"

장건상의 말에 영해는 임시 정부에서 어른들이 하던 말을 떠올리며 자기 생각을 조심스럽게 꺼냈어.

"미국으로 유학을 떠난 사람들은 많아요. 아저씨도 미국 유학을 다녀왔지요. 하지만 저는 프랑스로 가겠습니다. 파리는 국제 외교의 중심지이며 프랑스어는 국제 외교 무대의 공통어이기도 합니다. 아저씨처럼 영어를 잘하는 분은 많지만 아직까지 프랑스어를 잘하는 분은 별로 없다고 들었습니다. 제가 프랑스어를 배워 국제 무대에서 우리나라의 현실을 알리는 데 힘을 보태는 건 어떨까요?"

영해의 말을 들은 장건상은 무릎을 쳤지.

"정말 날카롭고 정확하게 봤구나. 네 말이 맞다. 독립운동을 하는 우리에게 프랑스어를 잘하는 인재가 꼭 필요하지."

이렇게 해서 영해는 장건상의 도움으로 유학 준비를 했어. 부산에 계신 아버지도 크게 기뻐했지.

"학비는 걱정하지 마라. 니는 오로지 공부에만 전념해라."

하지만 또 다른 문제가 기다리고 있었어. 다른 나라를 가기 위해 배나 비행기를 타려면 여권이 필요했지. 하지만 빼앗긴 나라의 국민에게 여권이 있을 리 없었어.

"알고 지내는 중국인 부부가 있단다. 그들이 도움이 될 것이다."

영해는 장건상의 도움으로 중국인 부부의 양아들이 되어 중국 여권을 발급받았어. 그 당시 외국으로 유학을 가는 학생들은 중국인 신분으로 여권을 받아 떠나는 경우가 많았지.

영해와 함께 유학을 떠나는 이들이 몇몇 있었어. 그들을 태운 배가 1920년 11월 6일 상해를 출발했어.

영해는 뱃머리에서 자신에게 말했지.

'나는 서영해다. 지금은 중국 여권을 가지고 중국인이 되어 떠나지만 돌아올 때는 반드시 대한민국 국민으로 내 나라의 여권을 들고 돌아오리라.'

그 다짐은 독립된 조국으로 돌아오겠다는 의지이기도 했어.

바다 위에서 한 달을 넘게 보냈어. 뱃삯을 아끼려 짐을 싣는 화물칸에 탄 유학생들은 파도가 거세지면 종일 멀미를 했지. 해가 좋은 날이면 밖으로 나와 뱃머리에서 끝도 없는 바다를 보며 고향 이야기를 했어. 영해도 떠나온 집과 누나, 동생들이 보고 싶었어. 말없이 뒤에서 자기를 믿고 이끌어 주는 아버지의 사랑에 괜히 눈물이 나기도 했어.

상해를 떠난 지 39일 만인 12월 13일, 드디어 프랑스 마르세유 항구에 도착했지. 낯선 땅에서 맞이하는 겨울이어서였을까? 얼굴을 후벼 파듯 차갑게 불어오는 바람은 저절로 몸을 움츠리게 했어. 영해는 찬바람을 맞으면서도 마음은 뜨겁게 타올랐어. 추위도 새로운 세상 앞에 선 영해의 설렘을 막을 수는 없었지. 함께 온 이들은 독일, 스위스 등의 도시를 찾아 떠났어.

영해는 파리행 기차를 타고 다음 날 아침, 파리에 도착했어. 그는 광장을 걸어 나와 한참을 서 있었어.

'아! 내가 프랑스 파리, 그 중심에 서 있구나.'

고향을 떠날 때만 해도 바다 건너 이곳 파리에 있을 자기 모습은 상상도 못 했던 영해였어. 처음에는 누나들을 따라 밤참 먹는 재미로 갔던 비밀 모임, 그곳에서 태극기를 만들고 전단지를 뿌리면서 나라 잃은 사람들의 설움을 알게 되었지. 그때 할 수 있는 일이라고는 태극기를 흔들며 조국의 독립을 위해 만세를 부르는 일뿐이었어. 그러다 가슴속에서 울컥하는 울분이 일었고, 무작정 상해 임시 정부를 찾을 때만 해도 나라를 위해 어떤 일을 해야 할까 막막하기만 했었어.

그러나 마르세유로 가는 배를 타는 순간, 그의 길은 정해졌지. 그의 유학은 개인의 만족이나 성공이 아니라 이 나라 대한을 위해 큰 쓰임이 되어야 한다는 걸 영해 스스로도 잘 알고 있었지.

영해는 여행용 가방을 고쳐 쥐고 쨍할 정도로 푸르고 시린 파리의 하늘을 올려다보았지. 그러고는 옷깃을 세웠어. 고향을 떠나던 날 말없이 자신의 옷깃을 꼿꼿하게 세워 주었던 아버지처럼.

'나에게 남은 건 포기를 모르는 도전과 겁 없는 용기뿐! 난 날 믿어. 두려워 떨기보다는 당당하게 헤쳐 나갈 거야.'

새로운 시작

파리에서 북쪽으로 더 가면 보베라는 작은 도시가 있어. 영해는 그 도시의 리세에 들어가 처음부터 다시 공부를 시작하기로 했어. 프랑스의 학교인 리세는 12년 과정으로 유치원부터 초등·중등·고등 과정이 함께 있어. 유치원을 졸업한 어린이는 리세 10반에서 초등 과정을 시작해. 고등 과정인 1반이 되면 대학을 갈 수 있는 시험을 볼 수 있지.

학교는 붉은 벽돌의 웅장한 5층 건물이었어. 운동

장에서는 아이들이 축구를 하고 있었어. 영해는 공을 쫓아 이리저리 뛰어다니는 아이들을 물끄러미 바라보았어. 문득 즐겁다, 자유롭다, 평화스럽다는 단어가 떠올랐지. 그리고 떠나온 조국의 아이들 모습이 생각나 마음이 아팠어.

영해는 잔뜩 주눅이 든 자신을 가다듬듯 기침을 하고는 교장 선생님을 만나기 위해 교무실 문을 열었어. 교무실에 앉아 있던 선생님들이 모두 영해를 향해 눈을 돌렸어. 가슴이 쿵리고 두근거렸지만 용기를 냈지.

"안녕하세요. 저는 동양에서 온 서영해입니다."

그러자 교장 선생님이 웃으며 다가와 영해의 손을 잡았어.

"쥬 쉬 꽁땅 드 부 항꽁뜨레(만나서 반가워요)."

무슨 말을 하는 걸까? 얼굴은 달아오르고 잡은 손이 떨렸지. 그곳에 있던 여러 선생님들도 영해를 향해 인사를 건넸어. 얼굴은 점점 더 붉어지고 인사말들이 귓가에 메아리처럼 윙윙 울릴 뿐이었어. 가슴이 답답해지고 부끄러워 고개를 숙였어. 그런데 이상하게도 마음 한쪽에서는 기운이 났어. 부끄러움을 극복하려 더 열심히 할 거라는 걸 스스로 알고 있었지.

열아홉 청년 영해는 유치원을 졸업한 아이들과 초등 제일 낮은 학급인 10반에서 공부를 시작했어. 영해에게 나이는 중요하지 않았어. 학교를 처음 들어서던 그날의 기쁨과 부끄러움을 생각하며 오로지 프랑스 말과 글을 익히는 게 중요했지.

"말을 잘하려면 많이 어울려야지."

영해는 누구에게나 먼저 다가가 말을 걸었어. 손짓, 발짓을 하며 한마디라도 더 나누고 싶었지. 아이들이 놀면 그곳에 가서 함께 어울렸어. 특히 축구를 좋아했던 영해는 누구보다 열심히 달리고 뛰었지. 아이들이 점점 영해를 따르며 좋아했어.

아버지는 영해가 공부에 집중할 수 있도록 매달 넉

넉한 용돈을 보내 왔어. 한국에서 온 유학생들 중 대부분은 학비는 물론 용돈을 벌어 가며 어려운 형편에서 공부를 해야 했지. 그러나 영해는 아버지 덕분에 기숙사에서 생활하게 되었어. 그래서 학교를 왔다 갔다 하는 시간도 공부에 집중할 수 있었어.

기숙사 생활은 아침 5시 30분부터 시작되었지. 일어나서 씻고 이부자리를 정리한 후 아침 운동을 하고 밥 먹는 시간까지 규칙적으로 정해져 지켜야 했어.

리세에서는 8시부터 수업이 시작되어 5시에 정규 과정이 끝나. 그리고 다시 5시부터 저녁 먹기 전인 8시까지 배운 것을 복습하는 시간이었지.

영해는 이 시간을 좋아했어. 영해를 따로 맡아 가르쳐 주는 복습 선생님이 있었어. 모르는 것이 있으면 선생님을 찾아가 질문도 하고 함께 이야기를 나누며 프랑스어를 익혀 나갔지.

특히 친구들이랑 축구를 하며 놀 때는 말을 더 많

이 하고 기억도 잘 났어. 놀면서 배우는 말은 귀에 쏙쏙 들어왔지. 그래서 누가 놀자고 하면 귀가 번쩍 뜨였어. 무슨 일이든 함께 어울려 즐겁게 하는 영해는 아이들에게 인기가 많았어.

아이들은 가끔 영해를 골려 주려고 새로운 말을 알려 준다며 우스갯소리로 하는 욕을 가르쳐 주기도 했어. 발음을 고쳐 주는 대로 따라하는 영해를 보며 저희들끼리 키득거렸어. 가끔 선생님 앞에서 친구들이 알려 준 말을 혀를 굴리며 발음하면 선생님이 '풋!' 하고 웃음을 터트렸어. 그제야 영해는 친구들에게 속은 걸 알고 한참을 씩씩거렸지.

"서 군, 욕인지 아닌지 가려내려면 좀 더 열심히 공부해야겠군요."

선생님은 웃으며 말했어. 그러는 동안 성적은 점점 올랐고 영해는 어느새 학년을 뛰어넘어 중급반에서 공부하게 되었지.

"영해, 넌 정말 대단해."

"영해, 아주 훌륭해!"

영해가 지나갈 때마다 친구들과 선생님들은 아는 척을 하며 칭찬했어.

"서 군, 이번 일요일에 우리 집에서 프랑스 음식을 함께 먹을까요?"

어느 날 공부가 끝나고 선생님이 말했어.

"네. 초대해 주셔서 감사합니다."

영해는 처음으로 프랑스 사람들이 사는 모습을 보게 되었어. 선생님은 학교에서도 늘 검소하고 친절한 분이어서 영해가 참 좋아했지. 가끔 시장에서 장을 보고 과일을 사는 선생님의 모습을 보며 프랑스에서는 남자와 여자가 하는 일이 따로 없구나 생각했던 적도 있었어.

선생님은 일요일이면 낚시를 하고 버섯을 캐러 간다며 그날도 자신이 따온 버섯으로 요리를 했어. 선생님의 부인과 딸은 이야기를 나누며 상을 차렸고, 아들 둘은 집 마당에 있는 채소밭에서 기른 채소를 다듬고 씻었어. 온 가족이 자신을 위해 정성스럽게 음식을 차리고 준비하는 모습에 마음이 뭉클해졌지.

"자, 서 군. 함께 먹어요. 서 군에게 프랑스 요리를 꼭 맛보여 주고 싶었어요."

선생님은 직접 요리를 해서 영해 앞에 내놓았어. 소박한 옷차림에 언제나 자기에게 존댓말을 쓰며 따뜻하게 대하는 선생님을 보자 멀리 있는 가족들이 떠올랐어. 가족과 둘러앉아 웃으며 일요일 점심을 먹고 있는 자기 모습을 상상해 보았지.

'열심히 공부해서 빨리 고향으로 돌아가야지.'

영해는 늦은 시간까지 기숙사에 불을 켜 놓고 프랑스어뿐만 아니라 라틴어까지 읽고 쓰며 익혀 나갔어.

여름에는 기숙사를 벗어나 생말로 해변으로 가 한 달을 지내다 오기도 했어. 친구들과 해변을 달리며 운동하고 수영도 즐기며 수업도 하고 놀기도 했지. 영해는 이런 자유스러움이 참 좋았어. 무슨 일이든 적극적으로 즐겁게 하는 영해에게 리세에서 보내는 모든 날들이 새롭고 신비로운 경험이었어.

어려운 숙제

 영해는 프랑스어나 라틴어 시간은 물론 언론이나 국제 정세, 역사도 좋아했어. 특히 역사 수업은 영해가 기다리는 시간이었지.
 "오늘은 동양의 작은 나라 조선에 대해 수업하겠다."
 역사 선생님이 강의를 시작했어.
 "조선의 인구는 6백만이 조금 더 된다. 예부터 조선 민족은 게으르고 미개해서 조상이 물려준 문화나 문명도 제대로 지키지 못해 지금은 형체도 없이 사라지

고 말았지."

눈을 반짝이며 듣던 영해의 표정이 점점 일그러졌어. 반 친구들도 영해를 보며 킥킥거렸지.

"지금도 여전히 게으르고 가난하며 무지해서 전통과 역사도 없이……'

그 순간 영해는 자리를 박차고 일어섰어.

"거짓말! 다 거짓말입니다."

놀란 선생님이 화를 내며 당장 앉으라고 소리를 질렀어. 영해는 주먹을 쥐고 손을 부르르 떨다가 큰 소리로 말했어.

"조선의 인구는 6백만이 아니라 2천만입니다. 또한 4천 년의 역사를 가진 지혜롭고 뛰어난 문명국가입니다."

역사 선생님은 더 큰 소리로 영해에게 앉으라고 명령했어.

"역사는 사실이고 진실되어야 합니다. 그런데 선생님이 엉터리 거짓말로 학생들에게 잘못 가르치고 있으니 선생님이야말로 무식하고 미개한 것 아닙니까?"

"뭐? 뭐라고? 선생인 내게 무식하고 미개하다고? 당장 이 교실에서 나가!"

역사 선생님은 눈을 파르르 떨며 영해의 소매를 잡아끌었어.

"네. 말도 안 되는 거짓으로 내 나라 조선을 헐뜯는 선생님의 엉터리 수업, 더는 듣지 않겠습니다."

영해는 책을 집어던지고 교실 문을 박차고 나와 버렸어. 영해를 도맡아 가르치던 복습 선생님이 달려와 말렸어.

"그렇다고 책을 집어던지고 나오면 어떡합니까? 그 행동은 학생답지 못합니다. 역사 선생님이 잘못 알고 말한 부분은 나중에 다시 이야기를 나누더라도 지금 이 행동에 대한 사과는 해야 합니다."

영해는 절대 빌고 싶지 않았어. 잘못은 역사 선생님에게 있다고 말했지.

그 일로 교장 선생님까지 영해를 학교에서 내보내겠다며 화를 냈어. 복습 선생님은 교장 선생님을 매일 찾아가 제발 퇴학만은 막아 달라고 부탁했어. 영해가 얼마나 열심히 학교생활을 하고 공부에 빠져 살았는지 누구보다 잘 알고 있었거든.

교장 선생님이 영해를 불렀어.

"숙제를 내주겠다."

"숙제요?"

"그래. 네가 이 숙제를 완벽하게 해낸다면 넌 이 학교를 계속 다닐 수 있다. 그러나 제대로 못 한다면 학교를 그만두어야 할 것이다."

영해는 덜컥 겁이 났지. 그 숙제가 무엇인지는 모르겠지만 어려운 숙제를 내주고 자신을 퇴학시키면 어쩌나 겁부터 났어.

"너에게 4개월의 시간을 주겠다. 조선의 역사를 이 학교 선생님과 학생 앞에서 강의해 봐라. 네 강의가 우리를 설득시켜야 할 것이다."

정말 어려운 숙제였어. 사실 영해는 조선의 역사를 제대로 공부한 적이 없었어. 게다가 공부를 하려고 해도 이곳에서는 자료를 구하기가 힘들었지. 더구나 4개월 안에 어떻게 프랑스어로 유창하게 강의할 수 있을까? 머리가 아득해지고 한숨밖에 나오지 않았어.

교무실을 나온 영해는 운동장에서 뛰어노는 아이들을 보며 중얼거렸어.

"걱정한다고 해결될 문제가 아니라면 차라리 즐기자. 어차피 잘된 일이야. 이번 기회에 우리나라 역사를 제대로 알아봐야지. 어쩌면 그 일이 내가 하려는 일의 시작인지도 몰라. 프랑스 파리에 도착한 첫날, 나 자신에게 한 말도 있었지. 내게 남은 건 포기를 모르는 도전과 겁 없는 용기뿐이라고."

숙제를 받은 날부터 시간은 정말 빠르게 흘러갔어. 영해는 우선 중국과 미국 등에서 활동하는 임시 정부

선배들에게 우리나라의 역사를 공부할 수 있는 자료를 보내 달라고 편지를 보냈어. 프랑스 도서관에서는 조선이라는 나라에 관한 자료를 찾아보기 힘들었지.

  영해는 시간이 날 때마다 프랑스에 살고 있는 동포들을 찾아다니며 강연에 필요한 인터뷰를 하기도 했어. 뿐만 아니라 우리나라의 역사를 알기 위해 주변국에 대한 역사도 함께 공부했지. 그것을 바탕으로 강연 발표문을 작성했어. 그리고 복습 선생님 앞에서 다시 프랑스어로 연습했지. 잘못된 발음을 고쳐 가며 문장이 어색한 부분은 수십 번을 매만졌어.

  2주간 그 발표문을 외울 정도로 읽고 또 읽으며 손짓 하나 눈빛 하나까지도 신경을 쓰며 연습했어. 어려운 숙제를 내준 교장 선생님을 깜짝 놀라게 하고 싶은 마음도 있었지만 조선의 역사를 프랑스 사람들에게 제대로 알려 주고 싶은 마음이 더 컸어.

  약속한 시간이 돌아왔어. 숙제를 마친 영해는 교무

실 문을 두드렸지.

"무슨 일이지?"

"숙제를 다 마쳤습니다."

처음엔 무슨 말인지 몰라 영해를 한참 바라보던 교장 선생님은 그제야 생각난 듯 웃으며 말했어.

"옳지! 내가 숙제를 내줬었지. 그 숙제를 정말 다 했단 말이냐?"

"네."

교장 선생님은 사실 선생님께 버릇없이 대든 벌로 영해에게 겁이나 주려고 엄포를 놓았던 거였어.

"좋다. 그럼 이번 주 목요일 6시, 강당에서 보자."

기다리고 기다리던 목요일 오후 6시가 되자 기숙사에 있던 학생들이 하나둘씩 강당으로 몰려들었어. 교장 선생님과 학교 선생님들도 자리를 채웠지. 복습 선생님이 응원의 눈빛을 보냈어.

영해는 목소리를 가다듬으며 강단에 섰어. 이어 숨

을 크게 쉬고는 모여든 사람들을 향해 인사했어. 앞에 놓인 원고는 영해의 머릿속에 다 들어 있었지. 교장 선생님이 턱짓으로 시작하라는 신호를 보냈어.

"한국은 42세기 동안 역사를 이어 온 나라입니다. 아름다운 풍습과 빛나는 전통을 가진 문명국가로 훌륭한 문화유산을 가진 나라이지요. 한국 사람들은 지혜롭고 평화를 사랑하는 민족이며, 불의에 맞서고 정의를 위해 목숨도 아까워하지 않는 용감한 민족입니다."

영해의 목소리가 강당에 울려 퍼졌어. 속삭이듯 부드럽다가도 어느 부분에서는 주먹을 쥐고 힘이 담긴 그의 외침에 듣고 있던 사람들은 박수를 쳤지. 정확한 프랑스어 발음으로 매끄럽게 이어지는 영해의 연설문을 들으며 동양의 대한민국이라는 나라를 떠올린 듯

탄성을 지르기도 했어.

영해의 강연이 끝나고 교장 선생님이 강단에 올라와 부드럽고 숙연한 목소리로 말했어.

"나는 오늘 서영해 군의 강연을 들으며 세 가지를 생각했습니다. 첫째, 외국에 나가 있는 우리 프랑스 청년들이 서 군처럼 자기 조국에 대해 깊은 애국심을 가졌으면 하는 마음입니다. 둘째, 역사 시간에 공부한 그 책은 제1차 세계 대전 이전에 나온 책이므로 서 군의 말처럼 시대에 맞지 않을 뿐 아니라 잘못된 부분이 많다는 걸 인정하게 되었습니다. 셋째, 조선 민족이 게으르고 미개하다는 말을 취소하겠습니다. 그것이 거짓이라는 걸 오늘 강연자로 나온 서영해 군이 직접 보여 주었습니다. 조선 민족은 성실하고 부지런하며 지혜롭고 현명합니다. 바로 여기 있는 서 군을 보면서 알게 된 사실입니다. 역사 시간에 있었던 일은 교장인 제가 대신 사과하겠습니다."

박수 소리가 강당을 가득 채웠어. 영해는 고개를 숙였어. 눈물이 그칠 줄 몰랐어. 지금 이 순간이 고향에서 매달 보내오는 학비와 편지를 받을 때보다 더 기뻤어. 교장 선생님의 진심 어린 사과도 감동적이었지만 프랑스 사람들에게 조선의 역사와 민족에 대해 제대로 알려 준 것이 가슴 벅찰 정도로 행복했어. 영해는 한참 동안 그 자리에 서서 자기를 향해 박수를 보내는 사람들을 바라보았어.

'누군가는 글과 말로 빼앗은 자들의 횡포를 세계에 알리는 것이다.'

상해를 떠나오던 날 장건상이 했던 말이 무슨 뜻이었는지 어렴풋이 알 것 같았어.

신문 더미에서 찾은 꿈

"졸업이 1년 남았는데 학교를 옮기겠다고?"

"네, 저는 새로운 곳에서 저를 더 강하게 단련시키고 싶습니다."

영해는 마지막 학년을 보베에서 보내고 싶지 않았어. 오랫동안 함께 지내다 보니 친구들은 영해가 어떤 실수를 해도 다 이해해 주었어. 선생님들 역시 외국에서 온 영해의 사정을 봐주고 그냥 넘기는 일이 많았지.

'너무 익숙하고 편해서 내가 게을러질 수도 있어. 그

럼 난 무슨 발전이 있을까?'

영해는 낯선 곳에서 스스로를 채찍질하며 치열하게 공부하고 싶었어. 그래서 마지막 학년은 파리의 서쪽에 있는 사르트르고등학교로 전학을 갔지. 계획대로 친구도 없이 도서관에서 공부에 빠져 살았어.

그러던 어느 날 고향에서 슬픈 소식이 날아왔어. 아버지가 돌아가셨다는 소식이었지. 영해는 눈물을 훔치면서도 공부했어. 아버지의 걱정을 뿌리치며 고향을 떠난 그였어. 그런 아들을 말없이 믿어 주고 응원해 준 아버지와의 약속을 지키기 위해서라도 슬픔에 빠져 방황하고 약해지면 안 된다고 생각했어.

영해는 피나는 노력으로 12년의 프랑스 정규 과정을 6년 반 만에 마치고 파리대학교에 합격했어. 당시 유학 온 학생들은 정규 과정을 무사히 마친 학생들이 별로 없었지. 그들은 생활비를 벌며 공부하느라 힘든 날을 보내고 있었어. 대부분 그러다 학업을 포기하고 전기

수리공으로 일하거나 공장이나 병원 청소부, 농장 등에서 노동자로 사는 이들도 많았어.

영해는 파리대학교 철학과를 다니며 조선학생회장을 맡았어. 파리 유학생들의 힘을 하나로 모으고, 임시 정부에 필요한 일도 도우며 바쁘게 지냈어. 그러면서 학비와 생활비까지 스스로 벌어야 했어.

수업이 없는 날은 포도 농장에서 일하고, 공장을 떠돌기도 했어. 어느 날은 기차를 타고 몇 시간을 달려 식당에서 일을 하고 돌아오기도 했지. 그러다 보니 학교를 다닐 수가 없었어. 하는 수 없이 학교를 쉬며 도서관에서 아르바이트를 하게 되었어.

"저기 있는 신문을 종류별로 날짜에 맞춰 정리해 주세요."

도서관 한쪽에 신문이 산더미처럼 쌓여 있었어.

"네, 알겠습니다."

오래된 것부터 여러 종류의 신문이 뒤섞여 있었지.

영해는 신문을 정리하며 눈에 들어오는 기사를 읽기도 했어. 일이 끝나면 도서관 책들을 산처럼 쌓아 놓고 읽었지. 탑처럼 쌓아 놓은 책들이 바닥을 보일 때는 아쉬운 생각이 들어 읽고 또 읽었어. 영해는 대학에서보다 도서관에서 책을 읽으며 다양하고 깊은 지식을 쌓을 수 있었지.

그날도 영해는 신문을 정리하다 어떤 기사에 눈길이 갔어. 프랑스 기자가 기행문으로 쓴 한국에 관한 내용이었지.

"한국인들은 성격이 순하다고 하지만 이는 아는 것이 없기 때문이다. 한국인들의 무지함은 야만스럽기까지 하다."

얼굴이 붉으락푸르락해진 영해는 즉시 자리에 앉아 그 기자의 글이 잘못되었다는 걸 하나하나 밝히며 반박하는 글을 쓰기 시작했어.

"지금 일 안 하고 뭘 하는 겁니까?"

　　영해는 글 쓰는 일에 빠져 도서관 직원이 다가오는 줄도 몰랐지.
　　"영해! 뭘 하는 거냐고 묻지 않습니까?"

영해는 그를 노려보는 도서관 직원에게 방금 쓴 글을 내밀었지. 그녀는 영해의 글을 한참 들여다보았어. 그러고는 놀란 표정을 지었지.

"이렇게 논리적이고 설득력 있는 글은 처음 봅니다."

영해는 직원의 말에 여전히 분이 풀리지 않는 목소리로 말했어

"한국에 대해 잘 알지도 못하면서 이런 글을 함부로 쓰는 사람은 기자라고 할 수 없죠."

"그래요. 그럼 당신의 글을 신문사에 투고해 보세요. 이 글이 실린다면 당신의 나라 한국에 대해 많은 사람들이 제대로 알게 될 거예요."

그녀는 친절하게 신문사도 소개해 주었어.

영해는 그 글을 신문사에 보냈지만 실어 주지 않았어. 그렇다고 포기할 수 없었지. 많은 사람들이 그 기자가 쓴 글을 진실이라고 생각한다면 도저히 참을 수가 없었거든.

"와! 드디어 실렸다."

파리의 한 신문에 영해의 글이 대문짝만하게 실렸어. 신문사 편집장이 영해를 직접 찾아왔어.

"당신이 쓴 글은 신선하고 충격적이었어요. 앞으로 우리 신문에 당신의 글을 싣고 싶습니다. 한국에 대해서도 더 알고 싶어요."

그 기사로 영해가 받은 원고료는 대학 등록금보다 큰 돈이었어. 영해는 돈보다 한국을 알릴 수 있는 기회를 준다는 편집장의 말에 더 행복했지.

그런데 그 기사가 나가고 영해에게 경찰이 찾아왔어.

"당신은 프랑스 법을 어겼습니다. 24시간 이내 프랑스를 떠나십시오."

이게 무슨 소리일까? 학생 신분으로 비자를 받은 사람은 돈벌이를 하면 안 된다는 프랑스 법을 어긴 것이었지. 원고료로 받은 돈이 불법이었던 거야.

영해의 안타까운 소식을 들은 신문사 편집장은 영해를 신문사에서 일할 수 있게 해 주었어. 정식 기자로 말이야. 영해의 글은 한 번 읽으면 더 읽고 싶고, 그의 나라 한국에 대해 알면 알수록 더 알고 싶은 마음이 든다면서 계속 글을 써 줄 것을 부탁했지.

순간 영해는 정신이 번쩍 들었어. 막연하게 빼앗긴 나라를 되찾는 일을 하고 싶었던 그의 꿈이 투명한 유리에 비치는 하늘처럼 선명해졌지. 드디어 자기가 진짜 해야 할 일을 찾은 거야.

'신문 기자가 되어 글을 쓰는 일, 그 글이 세계를 움직이고 사람들의 마음을 바꾸는 힘이 될 것이다!'

영해는 소르본가로 걸음을 재촉했지. 그곳에는 파리고등언론학교가 있었어. 거기, 자기를 기다리는 꿈이 어서 오라고 손짓하는 것 같았어.

말브랑슈 7번지 옥탑방

 생활은 힘들고 삶은 고달팠지만 하루하루가 행복했어. 언론학과 정치학을 공부할 때는 며칠 굶어도 기운이 펄펄 났어. 하고 싶은 공부였기 때문이지. 그 공부가 자신이 좋아하고 잘하는 일이기도 했지만 무엇보다 그 일이 빼앗긴 나라를 되찾을 길이라는 게 영해의 가슴을 뛰게 했지.
 "영해 군! 당신처럼 프랑스어에 뛰어나고 국제 정세에 밝은 사람은 없소. 앞으로 국제 사회에 한국의 독립운동을 끊임없이 알리고 임시 정부에 힘이 되어 주시오."

미국, 프랑스, 독일 등지에서 독립운등을 펼치던 독립운동가들은 임시 정부와 긴밀한 연락을 주고받았지.

영해는 언론학교를 다니며 여전히 신문에 글을 실어 한국을 알렸어. 1929년 여름, 제국주의의의 횡포와 폭력을 규탄하는 세계대회가 파리에서 열렸어. 영해는 이 기회를 놓치지 않았지.

"평화와 자유는 태평양에서 사라졌습니다. 인도네시아, 인도차이나, 필리핀 등 태평양 지역은 제국주의자들이 짓밟고 지나간 상처로 신음하고 있습니다. 그러나 한국은 국민들의 의지로 정부를 세우고 끝까지 자유와 평화를 위한 투쟁을 해 나갈 것이며……."

영해의 연설 소식을 듣고 멀리 미국에서 신문을 발행하며 독립운동을 하던 허정에게 편지가 왔어. 언론 공부를 하는 중에도 독립운동을 하는 것이 너무 훌륭

하고 대단하다는 고마움의 편지였어.

　사실 영허가 언론학교를 택한 것은 신문사를 차리기 위해서였지. 글로 외교를 하겠다는 그의 첫 뜻을 실천하기 위함이었어. 드디어 1929년 ２월 28일, 프랑스 파리 달브랑슈 7번지, 자신이 살던 쪽방에 신문사 간판을 걸었어.

　「고려통신사」에 처음 실은 글은 서영해가 너무나 하고 싶었던 이야기, 바로 『어느 한국인의 삶』이라는 소설이었어. 자신이 왜 조국을 떠나 이곳 프랑스에서 살고 있는지, 왜 조국의 독립을 위해 살아가는지를 소설 속 주인공을 통해 말해 주고 싶었지.

　소설 속 주인공은 다름 아닌 자기 자신이었어. 주인

공의 목소리를 빌어 뛰어난 문화와 역사를 가진 자신의 나라에 대해 알려 주고 싶었어. 지금은 비록 일본에 빼앗긴 나라가 되었지만 '3.1 독립선언서'를 실어 한국인의 뜨거운 노력을 보여 주고 싶었던 거야.

한국인이 프랑스어로 쓴 최초의 소설이 신문에 발표되자 프랑스뿐만 아니라 스위스 등 유럽이 들썩였어.

여기저기에서 서영해를 취재하기 위해 몰려들었어. 그도 그럴 것이 프랑스나 유럽 사람들은 그동안 일본을 통해 한국에 대해 알고 있었지. 그 옛날 역사 선생님처럼 가난하고 미개한 나라로 말이야.

그런데 영해가 쓴 역사 소설은 한국의 진짜 모습을 생생하게 보여 주었어. 더구나 프랑스어로 쓰인 이 소설은 프랑스의 그 어떤 작가보다도 간결하고 아름다운 문장에 깊은 의미를 담아낸 예술성이 뛰어난 작품이었지.

서영해의 소설은 대성공이었어. 당시 프랑스 대통령까지 영해의 소설에 감동받았다는 소식을 전했어. 소설이 나온 지 1년 만에 다섯 번을 다시 찍을 만큼 인기가 많았지.

나는 말브랑슈 조그만 쪽방에서 서영해를 만났다. 그는 마르고 왜소한 체구에 가느다란 목소리를 가졌다. 마치 수줍음이 많은 중학생 같은 얼굴이었다.

그러나 한국을 말하기 시작하자 그의 태도는 놀랄 만큼 바뀌어 목소리는 활기를 띠고 얼굴은 단호한 표정이었으며 어느덧 열정의 웅변가로 변해 한국인들의 고통과 수난의 이야기를 토해 내고 있었다.

그는 내게 소설 속 주인공의 영웅적인 독립운동의 역사를 힘주어 말했다. 그의 눈을 보며 나는 생각했다. 한국인은 지구상에서 가장 착한 사람들이라고.

"지구상에서 가장 착한 사람들."

영해는 신문 기사에 실린 글을 중얼거리며 기쁨의 눈물을 흘렸어.

> 24세(중국인 여권을 만들 때 두 살을 낮춤.)의 젊은 한국인이 쓴 프랑스 소설. 그는 우리에게 시적 운율과 자신의 조국에 대한 애국심, 민족에 대한 애정이 얼마나 깊은지 이 소설에서 고스란히 보여 주고 있다.

신문마다 소설에 관한 기사가 쏟아져 나왔어. 인터뷰도 이어졌어. 영해는 그럴 때마다 자신의 뜻을 당당하게 말했지.

"한국의 문학을 왜 프랑스어로 썼습니까?"

"나는 파리를 유럽의 정치적 수도라고 생각합니다. 그래서 수많은 망명국의 젊은이들이 파리로 몰려드는 것이지요. 제가 한국인이면서 프랑스어로 소설을 쓴 이유는 많은 사람들이 내 소설을 읽기 바라는 마음에서입니다. 또 프랑스는 넓고 큰 정신의 세계를 가진 나라입니다. 그래서 우리나라 같은 동양을 이해할 수 있고, 지금의 동양이 제국주의에 당하는 억압과 폭력에도 정의로운 행동을 할 것이라고 믿기 때문입니다."

"네, 그렇군요. 이 소설 다음으로 계획하고 있는 작품이 있다면 말해 주세요. 프랑스 독자들이 아주 궁금해합니다."

"한국의 민담집을 출간할 계획입니다. 옛날부터 전해 내려오는 한국의 이야기에는 웃음과 지혜가 담겨 있어요. 한국인에게는 어떤 어려움도 포기할 줄 모르는 끈기가 있습니다. 이웃을 돕고 불쌍한 사람들에게 손을 내밀 줄 아는 따뜻하고 정이 넘치는 민족이지요. 하지만 그릇된 것은 보아 넘기지 않고 맞서 싸우며 정의를 위해 목숨도 아끼지 않는 그런 민족입니다. 이 책을 읽는 사람들은 역사와 전통이 깊은 문화인이 사는 한국을 사랑하게 될 것입니다."

"네, 그리고 보니 그 말이 맞군요. 다른 신문에서 읽었는데 한국인은 지구상에서 가장 착한 사람들이라고 하더군요."

"그렇습니다. 한국인은 평화와 자유를 사랑하며 뛰어난 문화와 전통을 가진 나라입니다."

그랬어. 영해는 틈이 날 때마다 글로 한국을 알렸지. 지구상에서 가장 착한 사람들의 나라를 힘으로 빼앗은 일본에 대해서도, 세계 평화와 자유를 위협하는 제국주의의 이기적인 태도에 대해서도 날카롭게 꼬집었어. 그리고 그 므서운 폭력 앞에서도 내 나라의 자유를 찾기 위해 당당히 맞서는 착한 사람들의 뜨거운 독립 의지를 글로 보여 주었지. 그것이 서영해만이 할 수 있는 독립운동이었어.

유럽의 자유 양심에 고함

1932년 상해 훙커우 공원에서 있었던 윤봉길 의사 의거 후, 상해의 프랑스 거주 지역에서 독립운동을 하던 도산 안창호 등 독립운동가 12명을 체포한 일이 일어났어. 프랑스는 그들을 일본으로 넘겼지.

그 소식을 들은 영해는 바로 펜을 들었어. 프랑스 파리는 나라 잃은 젊은 정치 망명객들이 서로 교류하며 빼앗긴 나라의 독립과 평화를 위해 함께 힘을 보태던 유럽의 중심이며 정치 도시였지. 그런 나라에서 자유와 평화를 짓밟는 행동을 했다는 사실에 영해의 펜은 더 분노했어.

> 프랑스의 이번 행동, 즉 한국의 독립운동가 12명을 일본에 넘긴 사실은 도저히 용서할 수 없다. 프랑스 정부의 정의롭지 못한 행동은 한국뿐만 아니라 유럽, 특히 자유, 평등, 박애 정신을 사랑하는 프랑스 국민들조차 부끄럽게 만들었다.

영해가 쓴 '유럽의 자유 양심에 고함' 기사는 많은 프랑스 사람들의 마음을 움직였어. 영해의 글에 감동받은 프랑스 인권연맹 회장은 외무성에 항의했어. 그리고 프랑스 정부에 대한 실망감을 감출 수 없다며 사과하고 영해와 함께 석방 운동을 펼쳤지.

영해는 신문 기자이기도 했지만 국제 정세에 날카로운 눈을 가진 정치 전문가로서의 역할도 해냈어. 영해의 바람대로 프랑스 정부는 일본 측에 해명을 요구했고, 일본은 12명 중 9명을 석방했어.

이제 영해의 글은 유럽 여러 신문에서 자주 볼 수 있었어. 그리고 영해는 말할 기회가 있으면 어느 나라의 어느 자리에서도 한국의 현실을 알리는 데 주저하지 않았어. 뿐만 아니라 세계 평화를 위한 국제 단결을 강조했어.

이런 그의 활약 덕분에 1936년, 임시 정부에서는 영해를 주불특파위원으로 임명하였어. 영해는 유럽 외교 책임자로 활동하며 한국의 독립을 위해 힘을 보태었어.

미국에서 활동하던 이승만이 스위스 제네바에 머물며 국제연맹에서 독립운동을 펼칠 때였어. 이승만은 영어에는 뛰어났지만 유럽에서는 의사 표현을 제대로 할 수 없었지. 이때 서영해는 제네바로 달려가 이승만과 함께 자료를 만들고 논평을 실으며 외교 활동을 펼

쳤어. 그리고 제네바에서 돌아와 '한국 문제'라는 글을 프랑스어로 써서 국제 사회에 알렸지.

> 한국인들은 시처럼 아름다운 그들만의 언어를 가진 우수한 민족이다. 그런데 1910년 일본 제국주의의 침략으로 자주성을 잃고 지금은 일본의 지배하에 '거대한 감옥'으로 변했다. 일본은 가장 기본적인 자유조차 박탈했으며 모든 분야를 감시하고 통제하며 심지어 한국 땅에서 나는 모든 것들을 앗아 갔다. 땅을 잃고 만주로 내쫓긴 한인들의 수가 1백 명이 넘으며 그들은 만주에서도 여전히 조국의 독립을 위해 목숨을 걸고 있다.

영해는 밤을 새워 글을 쓰면서도 힘든 줄 몰랐지. 어느 부분에 힘을 주어야 하는지 고민하느라 쓰고 지우고 다시 고쳐 쓰며 읽고 또 읽어 보았어. 그럴수록 안에서 끓어오르는 분노는 멈추지 않았어.

　하지만 영해는 사람의 마음을 움직이는 글은 쓰는 사람의 분노가 아니라 읽는 이들의 마음에 불을 질러야 한다는 걸 알고 있었지. 사실을 전하되 진실을 담아 문장 하나, 단어 하나에도 온 마음을 쏟았어. 프랑스어로 쓰는 것이지만 마음속 미세한 감정의 흔들림까지 제대로 표현하고 싶었거든.

> 한국이 요구하는 평화는 결코 노예적인 평화가 아니다. 자유 민족의 평화이니 우리는 우리 민족의 자유를 위해 목숨 걸고 일본의 무력에 대항할 것이다. 세계 여러 나라는 이런 한국의 인도주의적 평화를 함께 지키기 위해 한국의 독립정신에 힘을 보태고 물질적인 도움을 주기 바란다.

　그의 문장은 거침없고 강했으며 때로는 폭력과 억

압에 무관심한 나라를 꾸짖기도 했어.

> 이제 일본은 아시아를 넘어 세계 지배의 발톱을 드러낼 것이다. 이런 일본을 보고만 있다면 곧 그 발톱이 당신 나라를 향할 것이다.

영해의 뛰어난 국제 정치 감각은 제2차 세계 대전으로 이어지는 일본의 야욕을 미리 알고 있었지. 그리고 세계는 다시 혼란 속에 빠졌어.

그런 힘든 상황에 사랑이 찾아왔어. 오스트리아에서 미술 공부를 하기 위해 파리로 유학 온 예술가였지. 1937년, 영해는 서로의 아픔을 보듬어 주던 엘리자베스와 결혼했지만 행복은 오래 머물지 않았어.

1939년, 제2차 세계 대전이 일어났어. 엘리자베스는 독일에 점령당한 그녀의 나라로 돌아가 그곳에서 아들 스테판을 낳았지. 영해는 프랑스에서 전체주의

의 폭력에 맞서 싸우던 중 나치에 체포되어 감옥에서 지내게 되었어. 안타깝게도 둘은 서로 연락할 방법이 없었어. 전쟁은 두 사람을 갈라놓았을 뿐 아니라 사랑하는 아들의 얼굴조차 볼 수 없게 만들었지.

영해는 슬픔을 이겨 내려 일에 빠져 살았어. 그래서 전쟁을 일으킨 독일의 폭력에 맞서 프랑스에서 저항 운동을 펼쳤어. 프랑스 등 연합국이 독일을 이겨 낸다면 이는 곧 함께 전쟁을 일으킨 일본의 패배를 가져올 것이고 머지않아 조국의 독립을 볼 수 있다는 희망에서였지.

드디어 꿈에도 바라던 1945년 8월 15일, 지구상에서 가장 착한 사람들의 나라 대한민국이 독립을 맞이했어. 해외에서 활동하던 수많은 독립운동가들이 기쁨의 환호성을 지르며 조국으로 돌아갔지. 하지만 영해는 프랑스에서 할 일이 아직 남아 있었어. 그는 임시 정부의 프랑스 대표로 독립 이후에도 국제 사회에서 대한민국의 자리를 튼튼하게 만드는 것이 중요하다는 걸 알고 있었지.

1945년 8월 16일, 서영해의 글과 인터뷰한 내용이 프랑스 일간지 1면을 장식했어.

'우리는 일본 제국주의 침략의 첫 번째 희생자였다.'로 시작하는 그의 글은 1910년 일본에게 역사적 치욕을 당한 날부터 하루도 멈추지 않고 일본에 대항한 끈질긴 독립 의지를 달했어. 그 어떤 악랄한 탄압도 한국인의 가슴에 불타오르는 자유와 독립 정신의 불길은 끌 수 없었다며 독립의 당위성을 밝혔지.

또 그동안 한국의 독립에 도움을 준 많은 사람들을 찾아다니며 고마운 마음도 잊지 않고 전했어. 그는 독립한 지 2년여 동안 유럽 각국을 돌며 독립국으로서의 대한민국을 알리는 데 시간을 보냈지.

1947년 5월, 나라가 없어 중국인 신분으로 프랑스로 떠난 영해는 27년 만에 조국 땅을 밟았어. 그러나

조국은 신탁 통치(제2차 세계 대전 후, 국제연합의 위임을 받은 나라가 일정 지역에 대하여 실시하는 특수 통치 제도)에 대한 서로 다른 정치적 입장이 대립하여 여전히 혼란스러운 나날을 이어 가고 있었지. 더구나 파리에서 독립운동을 하던 자신을 일본 대사관에 밀고했던 친일파들이 정치를 한답시고 떠들고 다니는 꼴을 보니 한숨만 나왔어.

영해는 처음 집을 떠나 상해로 향하던 그때처럼 다시 자신에게 물었지.

'서영해! 네가 하고 싶은 일은 진정 무엇이냐?'

당신의 국적은 어디입니까?

영해는 학교에서 프랑스어를 가르치며 지냈어. 수업이 끝나면 학생들과 어울려 밤새 세상 돌아가는 이야기를 나누기도 했어. 변화하는 국제 정세를 제대로 알아야 미래를 헤쳐 나갈 수 있다는 말도 해 주었지.

"이보게 영해! 프랑스어 교재를 새로 만들어 보는 것이 어떻겠는가?"

어느 날 친구가 영해에게 책을 내밀었어. 대학에서 쓰는 프랑스어 교재였는데 일본어로 된 교재를 그대로 한국어로 번역해서 쓰고 있었지.

"이 책들은 모두 쓰레기야."

영해는 자기만의 교재로 학생들을 가르치고 있었거든.

"그러니 자네가 프랑스어 교재를 만들어 학생들이 제대로 프랑스어를 배울 수 있게 하자는 말이지."

맞는 말이었어. 독립은 했지만 한국은 여전히 일본식 교과서를 쓰고 있었지.

영해는 바로 실천에 옮겼어. 독립은 빼앗긴 나라를 되찾는 것뿐만 아니라 언어, 문화, 역사를 비롯하여 올바른 정신의 독립이 되어야 진정한 독립이라 생각했지. 나아가 외국의 선진 문화를 공부하는 것도 해방된 나라에 필요한 인재를 키우는 일이라 생각했어. 그래서 영해는 학생들 중 언어에 뛰어난 장학생을 뽑아 프랑스로 유학을 보내기도 했어.

이렇게 열정적으로 일에 빠져 사는 영해의 모습을

몰래 지켜보던 이가 있었어. 당시 중학교 교사였던 스물여섯의 황순조였어. 그녀의 아버지는 영해의 아버지에게서 한의학을 배운 제자이기도 했지.

　황순조는 영해의 연설을 들으며 존경하는 마음을 품게 되었어. 존경은 곧 사랑하는 마음으로 바뀌었지. 영해 또한 수줍은 모습으로 자신의 연설장을 따라다니던 그녀가 싫지 않았어.

　1948년 봄, 영해는 10년 전 엘리자베스와 헤어지고 아들도 볼 수 없었던 그에게 봄햇살처럼 따듯하게 다가온 그녀와 결혼했어. 그리고 새로운 일을 계획했지.

"난 다시 내 일을 하기 위해 프랑스로 가겠소."

아내는 그런 영해의 말에 고개를 끄덕였지.

"당신의 일은 언제나 나라를 위한 일이었으니 제가 곁에서 당신을 도우며 살겠습니다."

"고맙소. 가서 신문사 일도 해야 하고, 독립은 되었으나 남북한이 서로 다른 정부를 세우려 하니 이런 부당함을 국제 사회에 알려 통일된 한 나라로 가야 하지 않겠소?"

그렇게 영해는 아내와 함께 프랑스로 가는 배를 타려고 상해로 향했어. 하지만 그 일이 영해와 아내의 영원한 이별이 될 줄은 아무도 알지 못했지.

영해는 상해에서 아내와 함께 프랑스로 가는 비자가 나오기를 기다리며 조선인 학교에서 아이들을 가르치며 지냈어.

"당신의 국적은 어디입니까?"

프랑스로 가는 비자를 받기 위해 중국에 머물 때였

어. 중국 또한 정치적으로 혼란스럽기는 대한민국과 마찬가지였지.

1948년, 중국이 공산주의 국가가 되면서 영해와 아내는 상해 교포들과 함께 공산 당국에 체포되었어. 중국은 그들에게 자신의 나라로 모두 돌아가라는 명령을 내렸어. 프랑스로 가기 위해 중국에 머물던 영해와 아내 또한 송환 절차에 따라 한국으로 돌아가야 했어.

"당신의 국적은 어디입니까?"

"내 나라는 대한민국이오."

그러나 서영해의 여권을 살피던 공산 당원은 고개를 저었어.

"당신은 중국인 여권을 가지고 있으므로 중국인입니다."

"나의 나라는 대한민국, 나는 서영해요."

어린 나이에 프랑스 유학길에 오르던 나라 없는 백성이었던 그때, 중국인의 양자가 되어 중국 여권을 만

들었던 그 일이 영원히 조국으로 돌아가지 못하고 아내와 이별해야 하는 일이 될 줄은 그 누구도 알지 못했어.

"곧 돌아갈 테니 기다리시오. 꼭 돌아갈 테니 걱정 마시오."

영해는 헤어지며 아내에게 힘주어 말했어.

그 이후로 영해를 본 사람은 아무도 없었지.

1949년 가을, 상해에서 실종되었다는 한 줄의 기록이 독립운동가이자 임시 정부의 외교 특파원이며 신문 기자에 소설가였던 서영해의 마지막이 되었지.

에필로그

　서영해는 칼이 아닌 펜으로 독립운동의 선두에 섰었다. 그의 글과 말은 그 어떤 힘보다고 강하고 끈질긴 한국인의 정신과 닿아 있었다.

　독립운동을 위해 중국인 신분으로 조국을 떠난 그는 바뀐 국적 때문에 영원히 고국으로 돌아오지 못하고 언제, 어디에서 죽었는지도 알 수 없다.

　서영해의 실종 이후, 누구는 그가 상해의 인성학교에서 학생들을 가르쳤다고도 하고, 또 누구는 프랑스로 갔다고도 하고, 또 누구는 북한으로 가지 않았을까를 추측한다.

　서영해의 아내 황순조는 결혼 1년 만에 헤어진 남편

의 마지막 말을 가슴에 품고 살다가 1985년 눈을 감았다.

"곧 돌아갈 테니 기다리시오. 꼭 돌아갈 테니 걱정 마시오."

지금쯤 이들은 하늘에서 다시 만났을까?

죽어서도 돌아오지 못한 그리운 조국을 떠올리며 긴 이야기를 나누고 있지 않을까?

· 더 알아봐요 ·

글로써 독립운동을 한 기자이자 작가, 독립운동가였던 **서영해**

서영해(1902년~?, 부산박물관 소장)

　서영해는 1902년 부산에서 8남 2녀 중 넷째 아들로 태어났어요. 아버지 서석주는 당시 부산에서 유명한 한의사였지요. 서영해의 본명은 서희수예요. 삼일 운동을 하다가 일본 경찰에 쫓기는 신세가 되자 이모부가 지어 준 이름 '서영해'로 바꾸어 상해로 망명하였어요. 그때 그의 나이는 고작 만 17세였어요.

서영해는 어린 나이였지만 임시 정부를 찾아가 대한 독립을 위해 힘을 보태겠다고 당차게 말했어요. 이후 프랑스로 유학을 가기 전까지 약 1년 반 동안 임시 정부의 막내로 잔심부름을 하며 독립운동가들의 활동에 큰 감명을 받았어요.

임시 정부는 국제 외교 무대에서 불어를 구사할 인재를 양성하고자 서영해를 프랑스로 유학 보내기로 결정했어요. 외국에 가기 위해서는 여권이 필요한데 나라가 없기에 하는 수 없이 중국인 부부의 양자로 중국 국적의 여권을 받았지요.

이후 27년간의 긴긴 프랑스 생활이 시작돼요. 일찍이 총명함으로 '서약방의 백미(여럿 가운데에서 가장 뛰어난 사람)'라 불렸던 서영해는 빠르게 프랑스어를 배워 학교생활에 적응했어요. 보베시에 있는 리세에서 초등학교부터 시작하여 12년의 과정을 단 6년 만에 마쳤지요.

서영해는 리세 과정을 마치고 파리대학교 철학과에 입학

했어요. 그즈음 학비를 보내 유학 생활의 큰 버팀목이 되어 주었던 아버지가 돌아가시어 학업을 중도에 그만두고 돈을 벌어야 했어요. 도서관에서 일하며 한 프랑스 기자가 쓴 한국에 대한 잘못된 논조의 글에 반박문을 쓰는 기회로 서영해는 신문사의 기자가 되었어요.

서영해의 글은 논리적이고 사람들의 마음을 움직이는 힘이 있었어요. 서영해는 글이 가진 힘을 깨닫고 빼앗긴 나라를 되찾는 데 자신의 글이 힘을 보탤 수 있다는 생각에 파리고등언론학교에 들어갔어요. 학교를 다니면서도 파리에서 개최된 제2회 반제국주의 세계대회에 참가하여 '태평양 지역 피억압 민족들의 해방 투쟁의 현 단계'라는 의제에 대해 유창한 프랑스어로 연설했어요.

1929년, 서영해는 파리고등언론학교를 졸업하고 말브랑슈 7번지에 '고려통신사'를 설립하여 본격적으로 외교로 나라를 되찾는 일에 몰두했어요. 특히 그의 자전적 이야기를 다룬 소설 『어느 한국인의 삶』은 한국인이 쓴 최초의 프랑스어 소설로 프랑스뿐 아니라 스위스 등 유럽에서도 주목했어요.

　서영해는 국제 정세에 대한 해박한 지식과 날카로운 비판 정신으로 그만이 할 수 있는 외교 독립운동을 활발하게 펼쳐 나갔어요. 특히 1932년 윤봉길 의사 의거 후 상해의 프랑스 거주 지역에 있던 독립운동가 12명이 체포된 일이 있었어요. 서영해는 '유럽의 자유 양심에 고함' 기사를 써서 많은 프랑스 사람들의 마음을 움직여 석방 운동을 일으켰으며 이 일로 9인이 석방되었어요. 이 밖에도 서영해는 1933년, 이승만과 함께 제네바에서 『만주의 한국인들』을 집필하여 국제연맹에 제출했어요.

　임시 정부는 이런 서영해의 든든한 활약에 힘을 실어 주고자 그를 1934년 임시 정부 주불외무행서, 1936년 주불특파위원으로 임명하여 유럽 외교 책임자로 활동하게 하였어요. 그리고 1945년에는 임시 정부 주프랑스 대표 즉, 프랑스 대사로 공식 임명했어요.

　해방 후, 1947년 드디어 서영해는 고국으로 돌아왔어요. 서영해는 프랑스어 교육과 강연을 하고, 직접 프랑스어 교재를 집필하였어요. 그리고 중학교 교사였던 황순조와 결혼하였어요. 파리에 있을 때 오스트리아에서 온 유학생 엘리자베스와 결혼하였지만 제2차 세계 대전으로 헤어진 아픔을 딛고 한 두 번째 결혼이었어요.

그러나 행복은 오래가지 못했어요. 서영해는 아내 황순조와 함께 프랑스로 가는 배를 타려고 상해로 갔다가 중국 공산 당국에 체포되었어요. 아내는 한국으로 보내어졌지만 서영해는 프랑스 유학 때 받은 여권이 중국 국적이어서 상해에 남게 되었어요. 이후 서영해는 중국 상해에서 교사로 지냈다는 기록뿐 더 이상의 행적은 남지 않았어요.

사진으로 보는 서영해

(사진: 부산박물관 소장)

상해 임시 정부에서 막내로 지낼 때의 서영해

파리의 한 공원에서

마르소고등중학교 졸업반 단체 사진
(맨 앞줄 오른쪽 두 번째가 서영해)

보베의 리세에서 급우들과 함께 찍은 사진
(앞줄 가운데 축구공을 갖고 있는 청년이 서영해)

보베에서 마차 탄 사람들과 함께

서영해와 파리의
한인 유학생들 단체 사진
(앞줄 가운데가 서영해)

광복 후 경교장에서 프랑스 대사 이취임식 때 김구, 이승만 부부 등과 함께 찍은 기념사진
(가운데 아기를 안고 있는 이가 김구, 뒷줄 왼편에서 네 번째가 서영해)

1936년 4월 1일 김구가 서영해에게 보낸 편지.
임시 정부는 서영해를 외무부 주법특파원으로 결정,
구미에 산재한 군사, 정치, 문학, 특종 기술적 인재를
조사하여 장래 유강한 공작을 진행할 것,
황진남 군의 행방을 수소문할 것,
고려통신사를 확장할 것, 선전문자를 귀 통신사로
보내겠으니 볼만한 인사들에게 통지할 것
등의 내용이 적혀 있다.

1937년 12월 3일 서영해가 김구에게 보낸 편지.
임시 정부의 명령을 절대 존수하고 도움이 되고자 함, 중앙통신사에 교섭하여 파리 통신원 자격을 얻도록
노력하여 주시길 바람, 여구화교항일연단의 일원으로 중국 인사와 함께 활동함. 구국회의에 참석 후
이 나라의 양차 태평양 문제에 대하여 강연함 등의 내용이 적혀 있다.

서영해와 고려통신사

프랑스 파리의 말브랑슈 7번지에 자리 잡았던 고려통신사(Agence Korea)는 임시 정부 외무부가 서영해를 통해 1929년에 설립하였어요. 임시 정부는 고려통신사 이전에 파리위원부를 두어 파리강화회의에 독립을 호소하는 등 외교 부서로 이용했어요. 그러나 1921년에 활동이 중단되어 8년간 긴 공백이 있었지요.

글로 외교를 하겠다는 꿈을 갖고 파리고등언론학교를 졸업한 서영해는 고려통신사를 설립하면서 그 꿈을 본격적으로 구체화시켰어요.

서영해가 사용하던 타자기.
글쇠판은 영문과 불문 겸용으로 되어 있다.
(부산박물관 소장)

1934년, 임시 정부에 의해 주불외무행서에 임명된 서영해는 외무부장 조소앙과 빈번하게 연락하며 유럽의 뉴스를 미국과 상해로 보내어 독립운동가들에게 전달했어요. 또한 유럽의 각 언론사에 세계 평화와 자유를 위협하는 일본의 제국주의를 비난하고 한국의 뛰어난 문화와 전통을 알렸어요.

서영해의 이런 노력에 힘입어 파리위원부가 없어진 후 정체되었던 유럽에서의 외교 활동은 다시 활기를 찾았어요. 고려통신사는 해방될 때까지 유럽 일대 독립운동의 중심 역할을 수행하였어요.

임시 정부에서는 독립운동과 관련한 중요 자료들을 고려통신사로 보내 유럽으로 전파하였다. 김구, 윤봉길, 이봉창 등의 사진도 고려통신사로 전달되었다. 1938년 김구는 중국 후난성에서 열린 회의 도중 밀정이 쏜 총탄을 맞았다.
(부산박물관 소장)

• 작가의 말 •

누군가는 기억해야 할 삶, 그 진실에 다가가기

　독립운동가 서영해의 이야기를 쓸 때 나는 카자흐스탄 알마티에 있었다. 그곳에서 한 달을 머물며 책을 읽고 글을 쓰다가 저녁이 되면 산책을 나갔다.

　어느 날 고려인 3세 루드밀라를 만났다. 할아버지가 러시아에서 강제 이주를 당해 우즈베키스탄에 살다가 카자흐스탄 알마티까지 오게 되었다는 그녀의 이야기는 왜냐고 묻지 않아도 지난 역사가 말해 주고 있었다.

자주 가는 슈퍼에서 한국을 정말 좋아한다는 카자흐스탄 젊은이도 만났다. 열여섯 소녀 자우레의 소원은 한국에서 사는 거여서 한국 드라마를 보며 한국어 공부를 하고 있다고 한다.

어떤 날은 시간을 너어 알마티에서 기차를 타고 크즐오르다를 다녀온 적도 있다. 그곳에는 홍범도 장군과(2021년 8월 15일에 고국으로 돌아온 장군의 유해는 국립대전현충원 묘역에 안장되어 있다.) 계봉우 독립운동가의 무덤이 있다. 무덤 앞에 흰 국화를 놓고 한참 동안 고개를 숙였다. 그분들의 희생적이고 치열했던 삶에 죄송하고 미안한 마음이 컸기 때문이다.

이 책의 주인공 서영해 또한 조국의 독립을 위해 프랑스에서 활동한 독립운동가이자 신문 기자였다 나라를 잃은 식민지 사람들은 남의 나라 여권으로 이름도 바꿔 가며 낯선 땅에서 조국의 독립을 위해 청춘을 바쳤다.

이들 중 많은 독립운동가들은 해방이 되고도 강제 이주나 이념 문제로 여전히 조국의 품으로 돌아오지 못하였다. 그들은 조국의 독립을 위해 목숨을 바쳤고 해방된 조국에서 사는 게 마지막 꿈이었다.

그 꿈을 죽어서 이룬 분도 있지만 아직도 많은 분들은 영혼으로 먼 타국 땅을 떠돌며 고국으로 돌아오기를 기다리고 있을 것이다.

또한 언제 돌아가셨고 어디에 묻혀 있는지조차 알 수 없는 분들, 조국을 떠나 나라를 위해 목숨 걸고 싸웠지만 이름 한 줄 남기지 못하고 사라진 독립운동가들이 너무나 많다.

이런 분들의 삶을 기록하고 그 진실을 찾아 어린이들에게 알려 주고 싶었다. 그렇게 독립운동가 서영해의 이야기는 시작되었다. 민족의 아픈 역사 속에서 불꽃처럼 살다 간 수많은 독립운동가들을 떠올리며 그 힘든 시기를 견디면서도 그들이 이루고자 했던 마지막 꿈을 우리가 기억해야 하는 이유이다.

지금도 여전히 먼 나라에서 떠도는 그분들의 마지막 소원, 영혼만이라도 집으로 돌아와 편히 쉬었으면 하는 수

많은 독립운동가들의 소박하고 간절한 소원이 꼭 이루어졌으면 하는 바람이다.

2024년 1월
당신들의 삶에 경의를 표하며 박혜선 쓰다